2019년 3월 10일 1판 6쇄 **펴냄**
2013년 5월 15일 1판 1쇄 **펴냄**

펴낸곳 (주)효리원
펴낸이 윤종근
글쓴이 유시나 · **그린이** 오렌지툰, 이해나(표지)
등록 1990년 12월 20일 · 번호 2-1108
우편 번호 03147
주소 서울시 종로구 삼일대로 457, 1206호
대표 전화 02)3675-5222 · **편집부** 02)3675-5225
팩시밀리 02)765-5222

ⓒ 2013, (주)효리원

잘못 만들어진 책은 구입하신 서점에서 바꾸어 드립니다.
ISBN 978-89-281-0272-3 64810
홈페이지 www.hyoreewon.com

예쁜 소녀 속담

재치왕 어휘왕

유시나 글　오렌지툰 그림

효리원
hyoreewon.com

머리말

속담 실력이 쑥쑥! 국어 실력이 무럭무럭!

"구르는 돌에는 이끼가 끼지 않는다."
"나무를 보고 숲을 보지 못한다."
"빈대 잡으려다 초가삼간 태운다."
"입에 쓴 약이 몸에는 좋다."

 이런 말, 한번쯤 들어 보지 않았나요? 바로 속담 말이에요. 어쩌면 책에서 읽었을 수도 있고요. 실제로 여러분이 속담을 사용해 대화했을 수도 있지요.
 이처럼 우리는 스스로 깨닫지 못하는 사이에 무의식적으로, 또는 습관적으로 많은 속담을 사용하고 있어요.
 속담은 옛날부터 사람들 사이에서 전해 내려오는 짧고 간결한 말이에요. 옛사람들이 살아가며 보고, 듣고, 느끼고, 깨달은 삶의 지혜와 교훈을 적절한 비유와 재미있는

표현으로 나타낸 말이지요. 그래서 속담 속에는 옛사람들의 생활 모습과 가치관, 지혜와 슬기가 오롯이 들어 있답니다.

　우리가 속담을 배우고 두루두루 사용하는 이유는 바로 이 때문이에요. 짧고 간결한 속담 속에 담긴 깊고 풍부한 뜻을 통해 우리는 생각의 폭을 넓히고 깊이를 더하며 삶을 현명하게 살아갈 수 있는 지혜와 슬기를 배울 수 있거든요.

　『재치왕 어휘왕 예쁜 소녀 속담』은 초등학교 소녀들이 꼭 알아야 할 속담만을 골라 아주 쉬운 풀이로 설명했어요. 더욱이 순정 만화 주인공처럼 예쁜 소녀 그림을 곁들여 지루할 틈 없이 술술 속담에 담긴 뜻을 알 수 있답니다.

　부디 이 책으로 지혜와 미모를 두루 갖춘 똑똑하고 예쁜 소녀로 당당하게 대화하기를 진심으로 바랍니다.

　　　글쓴이 유시나

제2장  으로 시작하는 속담 57

제3장 ㅂㅅ으로 시작하는 속담 103

제4장  으로 시작하는 속담 133

1장

ㄱ으로 시작하는 속담

가난 구제는 나랏님도 못한다

남의 가난한 살림을 도와주기란 끝이 없는 일이어서, 개인은 물론이거니와 나라가 나선다고 해도 구제하지 못한다는 말이에요.

가난한 집 제삿날 돌아오듯 한다

제사는 한 번 치를 때마다 돈이 많이 들어요. 그래서 가난한 집에 제삿날이 돌아오면 큰 부담이 되지요. 이처럼 힘들고 어려운 일이 자꾸만 생길 때 쓰는 말이에요.

가는 말에 채찍질

달리는 말에 채찍질을 해서 더욱더 빨리 달리게 한다는 말. 형편이나 일이 잘되어 간다고 마음 놓지 말고 그럴 때일수록 더욱더 힘써서 열심히 해야 한다는 뜻이에요.

가랑잎에 불붙듯

가랑잎은 바싹 마른 잎을 말해요. 가랑잎에 불이 붙으면 어떻게 될까요? 순식간에 화르르 타오르겠지요? 이처럼 숨 돌릴 틈도 없이 급하고 바쁜 모양을 뜻하는 말이에요.

가랑잎이 솔잎더러 바스락거린다고 한다

가랑잎은 잎이 넓고 솔잎은 가늘기 때문에 가랑잎이 솔잎보다 더 바스락 소리가 나지요. 자기의 큰 잘못은 모르고 남의 작은 잘못을 흉본다는 뜻이에요.

가루 팔러 가니 바람이 불고 소금 팔러 가니 이슬비 온다

가루를 팔려니까 바람이 불어 가루가 다 날리고, 소금을 팔려니까 이슬비가 내려 소금이 녹아 장사를 망친다는 말. 일이 꼬여서 도무지 되는 일이 없다는 뜻이에요.

가뭄에 단비

가물이란 가뭄이라는 뜻이에요. 가뭄이 들었을 때 애타게 기다리던 비가 내리면 더없이 기쁘고 반가워요. 이처럼 간절히 바라던 일이 이루어지는 것을 뜻하는 말이에요.

가물에 돌 친다

물이 없는 가뭄에 도랑을 미리 치워서 물길을 낸다는 뜻으로, 무슨 일이든지 사전에 미리 준비를 해야 함을 이르는 말이에요.

가자니 태산이요, 돌아서자니 숭산이라

앞에도 크고 높은 산이 있고, 뒤에도 크고 높은 산이 있어서 앞으로도 뒤로도 가지 못한다는 말. 이렇게도 저렇게도 할 수 없는 난처한 상황을 뜻하는 말이에요.

감나무 밑에 누워서 홍시 떨어지기를 기다린다

감을 따려고 노력은 하지 않고, 감나무 아래에 누워 입을 벌리고 감이 떨어지기만을 기다린다는 말. 노력 없이 원하는 일이 이루어지기를 바라는 어리석음을 꼬집는 말이에요.

강물도 쓰면 준다

제아무리 많은 것도 쓰기만 하면 줄어들기 마련이니 아껴 쓰라는 말. 같은 속담으로 "시냇물도 퍼 쓰면 준다."는 말이 있어요.

강아지도 닷새가 되면 주인을 안다

짐승인 개도 자기를 돌봐 주는 주인을 안다는 뜻으로, 배은망덕한 사람을 꾸짖어 이르는 말. 같은 뜻의 속담으로 "개도 주인을 알아본다."가 있어요.

같은 손가락에도 길고 짧은 것이 있다

한 손에 있는 손가락도 저마다 길이가 달라요. 이처럼 같은 조건이라도 서로 조금씩 차이가 있다는 뜻이에요.

개가 웃을 일이다

너무나도 어처구니없고 같잖지도 않아서 개도 비웃겠다는 뜻이에요. 그만큼 황당하고 어이없는 일을 가리킬 때 쓰는 말이랍니다.

개같이 벌어서 정승같이 산다

천하고 궂은 일을 가리지 않고 돈을 벌어, 쓸 때는 당당하고 의미 있게 쓴다는 말. 다른 말로 "돈은 더럽게 벌어도 깨끗이 쓰면 된다."가 있어요.

개 눈에는 똥만 보인다

평소에 자신이 좋아하거나 관심을 가지고 있는 것만이 눈에 띈다는 것을 놀림조로 이르는 말이에요.

개똥밭에 굴러도 이승이 좋다

이승은 지금 살고 있는 세상을, 저승은 죽어서 가는 세상을 말해요. 아무리 힘들게 살아도 죽는 것보다 사는 것이 더 낫다는 뜻으로, 삶의 소중함을 강조하는 말이에요.

개밥에 도토리

개는 도토리를 먹지 않기 때문에 밥만 먹고 도토리를 남겨요. 개밥 속에서 따로 노는 도토리처럼 사람들과 어울리지 못하고 혼자 겉도는 사람을 가리키는 속담이에요.

거미도 줄을 쳐야 벌레를 잡는다

만약 거미가 거미줄을 치지 않으면 어떻게 될까요? 벌레를 잡지 못해서 굶어 죽겠지요? 이렇듯 어떤 일이든 준비를 해야 원하는 결과를 얻을 수 있다는 뜻이에요.

걷기도 전에 뛰려고 한다

작고 쉬운 일도 못하면서 크고 어려운 일을 하려고 나섬을 이르는 말. 같은 뜻의 속담으로 "기기도 전에 날기부터 하려 한다."가 있어요.

검은 것을 희다고 하고 흰 것을 검다고 한다

누가 봐도 쉽게 구별할 수 있는 검은색과 흰색을 뒤집어 말하며 사실인 척 우긴다는 말. 분명한 사실을 뒤집어엎고 사람들을 속이려 할 때 쓰는 말이에요.

검은 데 가면 검어지고 흰 데 가면 희어진다

자신이 어떤 환경에 있느냐에 따라 자신의 색깔이 바뀐다는 말. 주변 환경이 사람의 인성과 가치관 형성에 큰 영향을 미친다는 뜻으로, 환경의 중요성을 강조하는 말이에요.

겨울이 다 되어야 솔이 푸른 줄 안다

푸른 잎이 다 떨어진 겨울에야 비로소 푸른 솔잎이 보인다는 말. 평소에는 잘 몰랐던 어떤 사람의 진정한 가치를 형편이 어렵고 힘들어지자 알게 된다는 뜻이에요.

고기는 씹어야 맛이요, 말은 해야 맛이라

고기는 씹어야 맛을 느낄 수 있고, 말은 해야 뜻을 전할 수 있다는 말. 하고 싶은 말이 있으면 마음속에 담아 두지 말고 솔직하게 해야 한다는 뜻이에요.

고양이 앞에 쥐

쥐는 고양이 앞에서는 꼼짝을 못하죠. 이처럼 무서운 사람 앞에서 벌벌 떨면서 꼼짝 못하는 것을 빗댄 말이에요.

고양이 쥐 생각

고양이가 자신의 사냥감인 쥐를 생각한다는 말이에요. 겉으로는 위해 주는 척하지만 속으로는 언제든 해칠 생각을 한다는 뜻이지요.

고운 사람 미운 데 없고 미운 사람 고운 데 없다

한번 좋게 본 사람은 이래도 저래도 다 좋아 보이지만, 한번 나쁘게 본 사람은 어떻게 하든 다 나쁘고 미워 보인다는 말이에요.

고운 자식 매 한 대 더 때리겠다

귀하고 예쁜 자식일수록 잘못했을 때 엄하게 가르쳐야 예의 바르게 클 수 있다는 말. 자식 교육의 중요성을 강조한 속담이에요.

고인 물이 썩는다

흐르는 물은 썩지 않지만, 고여 있는 물은 썩는다는 말. 사람이 발전하지 않고 제자리에 머물러 있기만 하면 결국 남보다 뒤처지게 된다는 뜻이에요.

공것이라면 양잿물도 먹는다

양잿물은 빨래할 때 쓰는 것으로, 사람이 먹으면 생명을 잃을 수도 있어요. 공짜라면 닥치는 대로 가지려고 하는 욕심을 비꼬는 말이에요.

구관이 명관이다

구관은 먼저 있던 벼슬아치를 말하고, 명관은 뛰어난 벼슬아치를 말해요. 나중 온 벼슬아치를 보니 먼저 있던 벼슬아치가 뛰어났다는 것을 알겠다는 말이에요.

구더기 무서워 장 못 담글까

구더기가 생겨도 장을 담근다는 말로, 어떤 방해 요소가 있어도 해야 할 일은 반드시 해야 한다는 뜻이지요. 비슷한 속담으로 "장마가 무서워 호박을 못 심겠다."가 있어요.

구렁이 담 넘어가듯

구렁이가 담을 스르르 넘어가는 모습에 빗대서, 어떤 일이나 순간을 얼렁뚱땅 넘기려는 것을 말해요. 같은 뜻으로 "메기 등에 뱀장어 넘어가듯"이 있어요.

구르는 돌에는 이끼가 끼지 않는다

쉴 새 없이 굴러 가는 돌에는 이끼가 낄 틈이 없어요. 이처럼 열심히 노력하는 사람은 계속 발전하며 나아간다는 뜻을 담고 있어요.

굴러 온 돌이 박힌 돌 뺀다

새로 생긴 것이 이미 있는 것을 밀어내고 자리를 차지한다는 말. 들어온 지 얼마 되지 않은 사람이 전부터 있던 사람을 밀어내거나 해치려고 할 때 써요.

굿이나 보고 떡이나 먹지

굿판을 지켜보고 있으면, 굿이 끝난 다음 모두와 함께 떡을 나누어 먹을 수 있지요. 이처럼 남의 일에 괜히 나서지 말고, 가만히 있다가 자기 이익을 챙기라는 뜻이에요.

궁지에 빠진 쥐가 고양이를 문다

고양이 앞에서 꼼짝 못하는 쥐도 도망갈 길이 없으면 죽을 힘을 다해 고양이에게 덤빈다는 말. 아무리 보잘 것 없는 사람도 계속 몰아붙이기만 하면 대든다는 뜻이랍니다.

귀신이 곡할 노릇이다

크게 소리 내어 우는 것을 '곡'이라고 하는데, 귀신은 곡을 할 수 없어요. 그런데 귀신이 곡을 할 노릇이라니! 그만큼 신기하고 묘해서 속내를 알 수 없다는 뜻이에요.

귀신 씻나락 까먹는 소리

씻나락은 볍씨를 말해요. 귀신이 볍씨를 까먹을 수 있나요? 없지요. 이처럼 엉뚱하고 어처구니없는 말을 뜻해요. 또는 몇몇 사람이 숙덕숙덕하는 소리를 뜻하기도 해요.

그물을 벗어난 새

그물에 걸려 죽게 된 새가 운 좋게 그물에서 벗어나 살아났다는 말. 매우 위험한 상황을 용케 빠져나가거나, 죽을 지경에서 살아났을 때 쓰는 말이에요.

금이야 옥이야

금과 옥은 귀하고 값나가는 물건으로 누구나 귀하게 다루지요. 그만큼 사람이든 사물이든 무엇을 대할 때 함부로 하지 않고 무척 소중히 여기는 모습을 뜻해요.

금과 옥처럼 소중한 내 강아지들~! 귀염둥이들~!

급하면 바늘허리에 실 매어 쓸까

바늘은 바늘구멍에 실을 꿰어야 쓸 수 있지 바늘허리에 실을 매어서는 바느질을 할 수 없어요. 이렇듯 무슨 일이든 정해진 순서대로 차근차근 해야 한다는 뜻이에요.

급히 먹는 밥이 목이 멘다

밥을 꼭꼭 씹지 않고 우걱우걱 급하게 먹으면 목이 메어서 고생한다는 말이에요. 일을 할 때 차근차근 신중하게 하지 않고 서둘러 하다 보면 실수나 실패하기 쉽다는 뜻이지요.

기와 한 장 아껴서 대들보 썩힌다

헌 기와를 새 기와로 바꾸지 않아 그만 대들보가 썩는다는 말로, 작은 것을 아끼다가 큰 것을 잃는다는 뜻이에요. 비슷한 속담으로 "한 푼 아끼려다 백 냥 잃는다."가 있어요.

까마귀가 검기로 속도 검겠나

까마귀가 겉은 검지만 몸속은 검지 않다는 말. 사람을 옷차림이나 생김새 등 겉모습으로 판단하지 말고, 성격이나, 가치관 등 그 사람의 내면을 보고 판단하라는 말이에요.

까마귀 날자 배 떨어진다

까마귀가 날자 배가 떨어지면 까마귀 때문이 아니어도 까마귀는 의심을 받게 돼요. 서로 상관 없는 일이라도 동시에 일어나면 의심을 받을 수 있다는 뜻이에요.

2장

ㄴ, ㄷ, ㅁ으로 시작하는 속담

나간 사람의 몫은 있어도 자는 사람의 몫은 없다

밖에 일보러 나간 사람에게는 뭐든 남겨서 챙겨 줘도, 자는 사람은 따로 남겨 주지 않는다는 말. 게으르면 그만큼 혜택을 못 받는다는 뜻이에요.

나 먹기는 싫어도 남 주기는 아깝다

자신에게는 딱히 쓸모가 없지만, 남에게 주려니 아까워서 못 준다는 말이에요. 다른 사람과 나누고 베풀 줄 모르는 야박한 마음을 가리키지요.

나무를 보고 숲을 보지 못한다

일부분만 보고 전체를 보지 못할 때 쓰는 말이에요. 눈앞의 작은 일에 매달리지 말고 먼 앞날의 큰일을 생각하라는 의미로 쓰기도 해요.

나중 달아난 놈이 먼저 달아난 놈을 비웃는다

나중에 달아나나 먼저 달아나나 결국 달아난 사실은 똑같다는 말. 서로 약간 차이가 있더라도 근본적으로 같을 때 쓰는 속담이지요.

낙숫물이 댓돌 뚫는다

처마 끝에서 똑똑 떨어지는 작은 물방울이 단단한 댓돌에 구멍을 낸다는 말. 이처럼 작은 힘이나 노력이라도 끈기 있게 계속하면 마침내 뜻을 이룰 수 있다는 말이지요.

날면 기는 것이 능하지 못하다

나는 것은 잘하지만 기는 것은 잘하지 못한다는 말. 아무리 재주가 뛰어난 사람이라고 해도 모든 일을 척척 다 해낼 수는 없다는 뜻이랍니다.

남의 밥에 든 콩이 굵어 보인다

자기 것에 만족하지 못하고 남의 것이 더 좋다고 탐내는 마음을 뜻해요. 같은 속담으로 "남의 손의 떡이 더 커 보이고 남이 잡은 일감이 더 헐어 보인다."가 있어요.

남의 염병이 내 고뿔만 못하다

염병(장티푸스)에 비하면 고뿔(감기)은 가벼운 병이지요. 남의 괴로움이 아무리 크다고 해도 자기의 작은 괴로움보다는 마음이 쓰이지 않는다는 뜻이에요.

남의 잔치에 배 놓아라 감 놓아라 한다

자기와 상관없는 남의 집 잔치에 이것저것 참견한다는 말. 남에게 이래라 저래라 할 자격도 권리도 없으면서 쓸데없이 나서서 간섭하는 것을 비꼬는 말이에요.

남의 호박에 말뚝 박기

남의 호박에 말뚝을 박아서 먹지 못하게 한다는 말이에요. 남이 잘되는 모습을 질투하고 못마땅하게 여겨서 일부러 방해하는 못된 심보를 가리키는 말이에요.

냉수 먹고 속 차려라

정신 차리고 똑바로 행동하라는 말. 사리 분별을 못하고 허황된 꿈을 꾸거나 엉뚱한 말과 행동을 하는 사람에게 핀잔을 줄 때 주로 쓰지요.

냉수 먹고 이 쑤시기

찬물만 마시고도 잘 먹은 척 이를 쑤신다는 말. 아무것도 없으면서 있는 척하며 허세를 떠는 모습을 빗댄 말이에요.

높은 가지가 부러지기 쉽다

높은 곳의 가지일수록 바람이나 벼락에 부러지기 쉽다는 말. 사람도 높은 자리에 있을수록 그 자리를 오랫동안 지키기 힘들다는 뜻을 담고 있어요.

놓친 고기가 더 커 보인다

현재 가지고 있는 것보다 먼저 것이 더 좋았다고 생각된다는 말. 잃어버린 것이나 놓쳐 버린 기회를 아쉬워하느라 지금 갖고 있는 것을 소홀히 여기는 것을 경계하라는 말.

누울 자리 봐가며 발 뻗어라

눕기 전에 발을 쭉 펴고 누울 수 있는지 살피고 누워야 한다는 말. 어떤 일이든 결과를 먼저 생각하고, 돌아가는 상황을 살펴 가며 일을 시작해야 한다는 뜻이에요.

누이 좋고 매부 좋다

서로서로 좋은 일을 뜻하는 말. 또한 하나로 두 가지 이상의 효과를 거둘 때도 써요. 비슷한 뜻을 가진 속담으로 "꿩 먹고 알 먹고" "도랑 치고 가재 잡고"가 있어요.

눈 가리고 야옹

되도 않는 얄팍한 꾀로 다른 사람을 속이려 든다는 말. 또는 쓸데없는 일을 형식적으로 하는 것을 일컫기도 해요.

늙은 말이 길을 안다

늙은 말은 오랫동안 많은 곳을 다닌 만큼 길을 잘 안다는 말. 사람도 나이가 많으면 경험이 많아 일을 능숙하게 할 수 있고, 세상 돌아가는 이치를 잘 안다는 뜻이랍니다.

늦게 배운 도둑이 날 새는 줄 모른다

늦게 시작한 도둑질을 날 새는 줄도 모르고 하듯, 어떤 일을 남보다 늦게 시작한 사람일수록 큰 재미를 느끼고 열중한다는 뜻이에요.

다 된 밥에 재 뿌리기

다 지은 밥에 재를 뿌려서 못 먹게 된다는 말. 성공이 얼마 남지 않은 일을 갑작스레 망쳐 버렸을 때 쓰지요.

달도 차면 기운다

초승달은 보름달이 될 때까지 점점 차오르고, 보름달이 되면 점점 기울기 시작해요. 이처럼 세상 모든 것은 한번 크게 일어나면 다시 작게 줄어들고 약해진다는 뜻이에요.

도끼로 제 발등 찍는다

자기 도끼로 자기 발등을 찍는다는 말. 자신의 일을 스스로 망치거나, 또는 남을 해치려던 일이 결국 자기에게 해가 되는 것을 뜻해요.

도둑에게 열쇠 준다

도둑에게 도둑질을 하라고 열쇠를 내준다는 말. 믿을 수 없는 사람에게 일을 맡겨서 망치거나, 나쁜 사람에게 나쁜 짓을 할 기회를 주어 손해를 보는 어리석은 행동을 뜻해요.

되로 주고 말로 받는다

'말'은 둥근 기둥 모양으로 '열 되'가 들어가요. 즉 조금 주고 많이 받는다는 말로, 남에게 못되게 굴었다가 그 몇 배로 호되게 당할 때 쓰는 말이에요.

떡도 먹어 본 사람이 먹는다

어떤 일이든 해 본 사람이 할 줄 알고, 늘 하는 사람이 더 잘한다는 뜻. 같은 뜻으로 "고기도 먹어 본 사람이 많이 먹는다."는 속담이 있어요.

떡 본 김에 제사 지낸다

좋은 기회가 생겼을 때 원래 하려고 한 일까지 한다는 뜻.
비슷한 속담으로 "소매 긴 김에 춤춘다."가 있어요.

뚝배기보다 장맛이 좋다

투박하고 볼품없어 보이는 뚝배기지만, 그 안에 담긴 장은 맛이 좋다는 말. 겉보기에는 별로여도 내용은 훌륭하다는 뜻으로, 겉모양보다 내실이 더 중요하다는 뜻이에요.

마음처럼 간사한 건 없다

사람의 마음은 아침저녁으로 쉽게 변해요. 이 속담은 사람의 마음이 이해관계에 따라서 간사스럽게 변함을 꼬집는 말이랍니다.

마파람에 게 눈 감추듯

마파람은 남쪽에서 부는 바람을 말해요. 마파람이 불어올 때 게가 잽싸게 눈을 감추듯, 음식을 순식간에 먹어 치울 때 쓰는 말이에요.

말이 고우면 비지 사러 갔다 두부 사온다

비지는 두부를 만들고 난 찌꺼기예요. 그런 비지를 사러 갔다가 말을 예쁘게 잘해 두부를 사온다는 속담으로, 사소한 말 한마디도 따뜻하고 친절하게 하라는 뜻이에요.

말이 씨가 된다

말한 것이 실제로 이루어지는 경우를 말해요. 좋은 뜻으로 쓰이기도 하지만, 자신이 하는 말이 원인이 되어 어떤 일이 벌어질지 모르니 말조심 하라는 뜻이기도 해요.

매도 먼저 맞는 놈이 낫다

먼저 매를 맞은 사람은 다른 사람이 매를 맞는 동안 마음 편히 있을 수 있어요. 어차피 해야 하거나 겪어야 할 일이라면 미루지 말고, 먼저 해치우는 편이 낫다는 뜻이에요.

오기 보고 칼 빼기

작은 모기를 보고 놀라서 커다란 칼을 빼들고 설친다는 말. 사소한 일에 큰 난리 법석을 떨거나, 작은 사건에 어울리지 않게 지나친 대책을 세우는 모습을 가리키지요.

모난 돌이 정 맞는다

삐죽삐죽 모난 돌일수록 둥글둥글하게 깎이기 위해 정으로 쪼임을 많이 당해요. 사람도 말과 행동이 부드럽지 않고 까칠하면 다른 사람에게 미움을 받기 쉬워요.

모로 가도 서울만 가면 된다

어떻게 가든 서울에 도착하기만 하면 아무 문제 없다는 말. 수단과 방법을 가리지 않고 원하는 목적을 이루기만 하면 된다는 뜻이에요.

모르면 약이요 아는 게 병

아무것도 모르면 차라리 마음이 편하여 좋으나, 무엇이나 좀 알고 있으면 근심 걱정이 많아 도리어 좋지 않다는 말이에요.

목구멍이 포도청

포도청은 나쁜 짓을 한 사람을 잡아들이던 관청이에요. 이 속담은 먹고살려다 보니 해서는 안 되는 일까지 하게 된다는 말로, 그만큼 먹고사는 일이 힘들다는 뜻이에요.

무쇠도 갈면 바늘 된다

단단한 무쇠도 꾸준히 갈다 보면 작고 가느다란 바늘을 만들 수 있다는 말. 아무리 어렵고 힘든 일이어도 끊임없이 노력하면 반드시 이룰 수 있다는 뜻이에요.

물독에 빠진 생쥐 같다

생쥐가 물독에 빠지면 털이 흠뻑 젖어서 아주 볼품없어요. 이처럼 물에 빠지거나 비에 홀딱 젖어서 옷차림이 초라하고 우스꽝스러워진 모습을 뜻하는 말이에요.

물에 물 탄 듯 술에 술 탄 듯

물에 물을 타거나 술에 술을 타면 맛이 똑같아서 변화를 알아차리기 힘들어요. 그처럼 말과 행동이 확실하지 않고 애매해서 알듯 모를 듯 헷갈리는 것을 뜻해요.

물에 빠진 놈 건져 놓으니까 내 봇짐 내놓으라 한다

물에 빠진 사람을 구했더니 고맙다는 말을 하기는커녕 자기 짐을 내놓으라고 한다는 말. 남의 도움을 받고도 고마운 줄 모르고 뻔뻔하게 구는 사람을 나무라는 속담이에요.

물이 깊어야 고기가 모인다

깊은 물일수록 많은 고기가 헤엄쳐 다닌다는 말. 사람도 마찬가지로, 덕이 높고 속이 깊은 사람일수록 많은 사람이 존경하며 따른다는 뜻이에요.

미꾸라지 용 됐다

미꾸라지는 논바닥에서 사는 보잘것없는 물고기예요. 용은 하늘을 나는 신성한 존재고요. 하찮고 별 볼일 없던 사람이 성공하여 대단한 인물이 되었다는 뜻이에요.

미운 정 고운 정

밉고 싫은 마음과 좋고 아끼는 마음을 가리키는 말. 오랫동안 함께 지내면서 다투기도 하고, 마음이 맞아서 하하호호 즐거워하기도 하며 서로 깊이 든 속정을 뜻해요.

3장

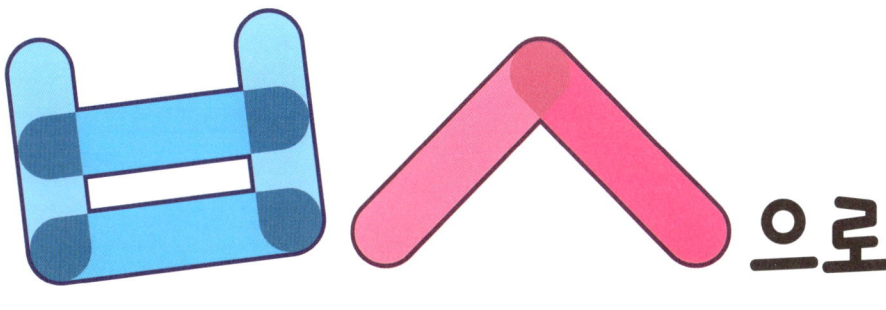으로 시작하는 속담

바늘구멍으로 하늘 보기

작은 바늘구멍으로 넓은 하늘을 본다는 말. 그만큼 작은 일부밖에 보지 못하는 좁은 시야와 짧은 생각, 부족한 안목을 뜻한답니다.

바늘로 찔러도 피 한 방울 안 난다

바늘로 콕 찔러도 피가 나지 않을 만큼 단단하고 빈틈이 없다는 말. 주로 냉정하고 융통성 없는 사람이나 무척 인색한 사람을 가리킬 때 쓰는 말이에요.

바다는 메워도 사람의 욕심은 못 채운다

아무리 넓고 깊은 바다라도 메울 수는 있지만, 사람의 욕심은 끝이 없어 메울 수 없다는 뜻으로, 사람의 욕심이 한이 없음을 비유적으로 이르는 말이에요.

밤 잔 원수 없고 날 샌 은혜 없다

밤에 자고 나면 들끓던 원한이 가라앉고, 날을 새고 나면 은혜를 고마워하는 마음이 식는다는 말이에요. 그만큼 원한이나 은혜는 시간이 지나면 잊기 쉽다는 뜻이지요.

방귀 뀐 놈이 성낸다

방귀 뀐 사람이 다른 사람에게 화를 낸다는 뜻이에요. 잘못을 저지른 사람이 제 잘못을 미안해하지 않고 도리어 다른 사람에게 화를 내는 것을 비꼬는 말이랍니다.

배 먹고 이 닦기

배를 먹으면 이를 닦는 효과가 있다는 뜻이에요. 이처럼 한 가지 일을 해서 두 가지 이로움을 얻을 때 쓰는 말이랍니다.

배부른 고양이는 쥐를 잡지 않는다

고양이도 배가 고파야 쥐를 잡지, 배가 부르면 쥐를 잡지 않는다는 말. 가난한 사람은 부지런하지만, 잘사는 사람은 아쉬운 게 없어 게으름을 부린다는 뜻이지요.

번개가 잦으면 천둥을 한다

번개가 많이 치면 결국 천둥도 친다는 말. 어떤 일이 일어날 기미가 자주 보이면 기어이 그 일이 벌어진다는 뜻. 또는 안 좋은 일이 이어지면 결국 큰 낭패를 본다는 뜻이에요.

빈대 잡으려다 초가삼간 태운다

빈대는 집 안에 사는 작은 곤충이에요. 이 빈대를 잡으려고 집에 불을 놓는다면, 얻는 것보다 잃는 것이 더 많겠지요? 조그만 일을 해결하려다 큰일을 망친다는 뜻이에요.

빈 수레가 요란하다

짐을 실은 수레를 끌면 조용하지만, 비어 있는 수레를 끌면 요란한 소리가 나지요. 아는 것이 없고 내실이 없는 사람이 오히려 말이 많고 시끄러움을 비꼬는 말이에요.

뿌리 깊은 나무 가뭄 안 탄다

뿌리를 땅속 깊이 내린 나무는 가물어도 쉽게 말라 죽지 않는다는 말. 이처럼 기초가 탄탄하면 아무리 힘들고 어려운 일이 닥쳐도 이겨 낼 수 있다는 뜻이에요.

사공이 많으면 배가 산으로 간다

한 배에 사공이 여러 명 있으면 저마다 나가려는 방향이 달라서 배가 제 방향으로 가지 못해요. 어떤 일이든 사람들이 이러쿵저러쿵 참견하면 제대로 되지 않는다는 말이에요.

사냥 가는데 총 놓고 간다

어떤 일을 할 때 가장 중요한 물건을 깜빡하고 빼먹는 경우에 쓴답니다. 정신 차리고 중요한 물건을 잘 챙기라는 뜻을 담고 있지요.

사람 나고 돈 났지 돈 나고 사람 났나

사람이 먼저 있은 다음 돈이 있다는 말. 돈이 아무리 중요해도 사람보다 귀하고 중요할 수는 없다는 뜻이지요. 주로 돈밖에 모르는 구두쇠를 비아냥거리는 말로 쓰여요.

사람 위에 사람 없고 사람 밑에 사람 없다

모든 사람은 태어날 때부터 사람으로서 마땅히 가져야 할 권리와 의무를 똑같이 가지며, 모두가 똑같이 존중받고 평등한 기회를 누려야 한다는 뜻이에요.

사람이 천 냥이면 눈이 팔백 냥이다

사람의 몸값을 천 냥이라고 하면, 그 가운데 눈이 팔백 냥이고 나머지는 이백 냥이라는 말. 그만큼 눈이 소중하다는 뜻으로, 눈을 건강하게 관리하라는 의미로 쓰여요.

산에서 물고기 잡기

불가능한 일, 또는 쓸데없는 헛수고를 하는 경우를 뜻해요. 비슷한 속담으로 "솔밭에 가서 고기 낚기"가 있어요.

새도 가지를 가려서 앉는다

새도 아무 가지에 앉지 않고 좋은 가지를 골라 앉는다는 뜻이에요. 이처럼 사람도 친구를 사귀거나 학교, 직장 등을 결정할 때 신중히 생각하고 선택해야 한다는 말이에요.

새벽달 보자고 초저녁부터 기다린다

어떤 일이든 적절한 때가 있는데 지나치게 급히 서둘러 봤자 공연히 시간만 낭비한다는 뜻이에요.

세 살 난 아이 물가에 놓은 것 같다

세 살짜리 아이를 물가에 두면 아이가 물에 빠질까 봐 두려워 불안하지요. 이처럼 위험한 일이 생길까 봐 마음이 조마조마하고 눈을 떼지 못하는 경우를 일컫는 말이에요.

속 빈 강정

강정은 쌀과자로 속은 비어 있고, 겉은 꿀이나 물엿과 함께 깨나 콩가루 등이 발려 있어요. 이처럼 겉보기에는 번듯하지만 내실은 없는 경우를 빗댄 말이에요.

손바닥으로 하늘 가리기

손바닥으로 당장 내 눈앞의 하늘은 가릴 수 있지만, 넓은 하늘을 다 가릴 수는 없지요. 불리한 상황에 대하여 임기응변식으로 대처함을 이르는 말이에요.

손 안 대고 코 풀기

손도 안 쓰고 코를 푼다는 말. 그만큼 힘들이지 않고 쉽게 할 수 있다는 뜻이에요. 같은 뜻으로 "땅 짚고 헤엄치기" "누워서 떡먹기"라는 속담이 있어요.

송충이는 솔잎을 먹어야 한다

솔잎을 먹고 사는 송충이가 다른 잎을 먹으면 탈이 난다는 말이에요. 이처럼 사람도 누구나 자기의 처지와 상황, 분수에 맞게 살아야 한다는 뜻이랍니다.

순풍에 돛을 달다

배가 가는 방향으로 바람이 부는데 돛까지 달면 쭉쭉 잘 가겠지요? 이처럼 원하는 대로 일이 잘 풀리는 경우를 일컫는 말이에요.

숭어가 뛰니까 망둥이도 뛴다

제 분수를 모르고 남을 따라 설치는 모습을 말해요. 비슷한 뜻으로 "망둥이가 뛰니 꼴뚜기도 뛴다." "잉어 숭어가 오니 물고기라고 송사리도 온다."는 속담이 있어요.

신선놀음에 도낏자루 썩는 줄 모른다

나무꾼이 신선들이 바둑 두는 것을 정신없이 보다가 도낏자루가 다 썩었다는 데서, 아주 재미있는 일에 정신이 팔려서 시간 가는 줄 모르는 경우를 이르는 말이에요.

쌀독에서 인심 난다

쌀독에 쌀이 가득 차 있어야 남에게 나누고 베풀 수 있다는 말. 내가 부유하고 풍족해야 남을 생각하고 도와줄 여유가 생긴다는 뜻이에요.

4장

ㅇㅈㅊㅋㅍㅎ으로 시작하는 속담

아이 싸움이 어른 싸움 된다

아이들끼리의 작은 싸움에 어른들이 끼어들면서 큰 싸움이 된다는 말이에요. 처음에는 사소하고 별것 아닌 일이 점점 크고 심각한 문제로 번진다는 뜻이랍니다.

앉아 주고 서서 받는다

돈을 빌려 주기는 쉽지만 돌려받기는 힘들다는 말이에요. 그러므로 함부로 돈을 빌려 주지 말라는 경계의 뜻을 담고 있어요.

약방에 감초

'약방에 감초'라는 속담은 한약을 지을 때 감초를 넣는 경우가 많은 데서 비롯된 말이에요. 그만큼 언제 어디서나 꼭 있어야 하는 사람이나 물건을 뜻한답니다.

얌전한 고양이가 부뚜막에 먼저 올라간다

얌전해 보이는 고양이가 부뚜막에 올라가서 사람 음식을 노린다는 말. 겉으로는 얌전하고 착해 보이는 사람이 앙큼하게도 자기 잇속을 챙기거나 딴짓을 한다는 뜻이에요.

양지가 음지 되고 음지가 양지 된다

햇볕 드는 곳에 그늘이 질 수도 있고, 그늘 진 곳에 햇볕이 들 수도 있다는 말. 이처럼 살다 보면 좋을 때도 있고 나쁠 때도 있기 마련이라는 뜻이에요.

어물전 망신은 꼴뚜기가 시킨다

대수롭지 않은 꼴뚜기가 어물전에 있는 모든 해산물을 망신시킨다는 말. 못난 사람이 자신이 속해 있는 집단의 품위를 떨어뜨리는 경우에 쓴답니다. 비슷한 속담으로 "과일 망신은 모과가 시킨다."가 있어요.

언 발에 오줌 누기

언 발에 오줌을 누면 순간 따뜻하게 느껴지지만, 금방 다시 얼어붙어요. 잠깐 효과를 볼 수 있을지 몰라도 그 효과가 크지도, 오래 가지도 않는 경우에 쓰여요.

엎드려 절 받기

상대편은 마음에 없는데 자기가 먼저 상대에게 요구하여 대접을 받는 경우를 이르는 말이에요. 같은 뜻으로 "옆찔러 절 받기"가 있어요.

옷은 새 옷이 좋고 사람은 옛 사람이 좋다

물건은 새로 산 것이 좋지만 사람은 오래 사귀어 친한 사람이 좋다는 뜻이에요. 그만큼 사람은 오랫동안 사귈수록 정이 깊고 서로를 속속들이 알게 된다는 말이지요.

울며 겨자 먹기

매워서 먹기 싫은 겨자를 울면서 억지로 먹는다는 말이에요. 하기 싫은 일을 어쩔 수 없이 해야만 하는 경우를 뜻한답니다.

원숭이도 나무에서 떨어진다

나무를 잘 타는 원숭이가 나무에서 떨어지듯 잘하는 일도 실수할 수 있다는 뜻이에요. 비슷한 속담으로 "닭도 홰에서 떨어지는 날이 있다."가 있어요.

입에 쓴 약이 병에는 좋다

입에는 쓰지만 몸에는 좋은 약처럼, 다른 사람이 내게 하는 따끔한 충고나 비판이 듣기는 싫어도 내 앞날에는 이롭다는 뜻이에요.

자라 보고 놀란 가슴 솥뚜껑 보고 놀란다

자라를 보고 놀란 사람은 자라와 비슷하게 생긴 솥뚜껑을 보고도 놀란다는 말. 한번 크게 혼쭐이 난 사람은 비슷한 대상이나 일을 보기만 해도 지레 겁먹는다는 뜻이에요.

작년에 왔던 각설이 또 찾아왔다

이 속담은 작년에 와서 동냥하던 각설이가 올해 또 와서 동냥한다는 말로, 별로 반갑지 않은 사람이 또 찾아왔다는 뜻이에요.

잠을 자야 꿈을 꾸지

어떤 일이든 원하는 결과를 얻으려면 그에 알맞은 준비를 하고 필요한 절차를 밟으라는 뜻이에요. 바라는 일을 이룰 기회가 전혀 없는 것을 한탄하는 말로도 쓰여요.

제가 제 무덤 판다

자기가 묻힐 무덤을 제 손으로 판다는 말이에요. 스스로 자신을 곤경에 빠뜨리거나 자신에게 해로운 일을 한다는 뜻이지요.

제 논에 물 대기

자기 논에만 물을 대려고 한다는 말이에요. 어떤 일이든 자기 이익만 챙기려고 하는 이기적인 행동을 뜻한답니다.

제 눈에 안경이다

내 눈에 딱 맞는 안경이라는 말로, 다른 사람이야 어떻게 생각하든 내가 좋아하고 만족하면 된다는 뜻이에요.

종로에서 뺨 맞고 한강에 가서 눈 흘긴다

뺨을 맞은 곳은 종로인데 엉뚱한 한강에 가서 투덜댄다는 말이에요. 정작 그 자리에서는 아무 말도 못하고, 다른 데 가서 뒤늦게 화를 내는 경우를 일컫는답니다.

주는 떡도 못 받아먹는다

남이 주는 떡을 받아먹는 일처럼 쉬운 일도 못한다는 말. 자기가 받을 몫도 제대로 챙기지 못하고, 모처럼 찾아온 기회나 복을 어이없이 놓쳐 버리는 어리석음을 뜻해요.

집에서 새는 바가지는 들에 가도 샌다

새는 바가지는 어딜 가나 똑같이 샌다는 말이에요. 말과 행동이 칠칠맞지 못하거나 마음 씀씀이가 못된 사람은 언제 어디서나 똑같다는 뜻이지요.

참새가 방앗간을 그냥 지나랴

참새는 먹을거리가 많은 방앗간을 그냥 지나치지 못한다는 말이에요. 이처럼 자기가 좋아하는 곳을 그냥 지나갈 수 없다는 뜻이랍니다.

참새 무리가 어찌 대붕의 뜻을 알랴

대붕은 상상 속에 나오는 아주 크고 신비로운 새예요. 평범한 참새들은 특출 난 대붕의 뜻을 모른다는 말로, 보통 사람들은 비범한 사람의 큰 뜻을 알지 못한다는 뜻이에요.

첫술에 배부르랴

밥을 먹을 때 첫술로는 배가 부르지 않다는 말이에요. 어떤 일이든 한 번에 원하는 결과를 얻을 수 없다는 뜻이지요. 그만큼 성급하게 굴지 말라는 의미가 담겨 있어요.

초록은 동색

풀색이나 초록색이나 다 같은 색이에요. 이처럼 처지가 같은 사람들끼리 한패가 되는 경우를 비유적으로 이르는 말이랍니다.

칼로 물 베기

칼로 물을 베어 봤자 물이 갈라지지 않아요. 이처럼 다투었다가도 시간이 조금 지나 곧 사이가 다시 좋아지는 경우를 비유적으로 이르는 말이에요.

팔이 안으로 굽지 밖으로 굽나

자기 팔은 자기 쪽으로 굽는다는 말이에요. 어떤 일이든 자기나 자기와 친한 사람들을 먼저 생각하고 위한다는 뜻이랍니다.

평양 감사도 저 싫으면 그만

본인이 싫어하는 일은 억지로 할 수도, 시킬 수도 없다는 뜻이에요. 같은 뜻으로 "정승도 저 싫으면 안 한다."는 속담이 있어요.

피는 물보다 진하다

피는 물보다 색깔이 짙고 끈끈해요. 그처럼 피를 나눈 가족은 남과는 비교할 수 없으리만치 정이 깊고 끈끈하다는 뜻이랍니다.

하나를 알면 백을 안다

하나를 통해 백까지 미루어 알아낸다는 말이에요. 작은 부분이나 한 가지만 알아도 전체를 파악할 만큼 똑똑하다는 뜻이지요.

하나만 알고 둘은 모른다

한 가지를 알면 나머지를 미루어 알아야 하는데, 그러하지 못하다는 말. 작은 것에 매달리느라 더 큰 것을 놓치는 경우나, 생각이 짧고 융통성이 없는 경우를 뜻해요.

하늘로 올라갔나 땅으로 들어갔나

하늘로 올라가 사라졌는지, 땅으로 들어가 사라졌는지 모르겠다는 말이에요. 물건이나 사람이 갑자기 감쪽같이 사라져 버렸다는 뜻이랍니다.

한강에 돌 던지기

넓은 한강에 돌을 던지면 티가 나지 않는다는 말이에요. 열심히 노력해도 별다른 효과가 없거나 쓸데없는 헛수고를 일컫는 말이에요.

한번 검으면 흴 줄 오른다

한번 검은색이 들면 하얗게 만들기 힘들다는 말이에요. 이처럼 한번 나쁜 습관이 붙으면 쉽게 고칠 수 없다는 뜻이랍니다.

한 입으로 두말하기

똑같은 일을 이렇게 말하기도 하고, 저렇게 말하기도 한다는 뜻이에요. 자기가 한 말을 지키지 않고 쉽사리 뒤집을 때 쓴답니다.

호랑이 굴에 가야 호랑이 새끼를 잡는다

호랑이 굴에 가지 않으면 호랑이 새끼를 잡을 수 없다는 말. 자신이 원하는 결과를 얻으려면 그에 따르는 노력을 반드시 해야 한다는 뜻이지요.

호랑이 없는 골에 토끼가 왕 노릇한다

강한 호랑이가 없으면 작고 약한 토끼가 제 잘난 줄 알고 우두머리 행세를 한다는 말. 빼어난 인재가 없는 곳에서 하찮은 사람이 잘난 척하며 나선다는 뜻이에요.

혹 떼러 갔다 혹 붙여 온다

부담을 덜려다 오히려 더 큰 골칫거리를 안게 되었을 때 쓰는 말이에요. 좋은 일을 기대했다가 나쁜 결과를 얻었을 때도 쓴답니다.

황소 뒷걸음치다가 쥐 잡는다

황소가 뒤로 걷다가 쥐를 밟아서 잡았다는 말. 의도하지 않았지만 우연히 좋은 결과를 얻은 경우를 뜻해요. 비슷한 뜻으로 "소 발에 쥐 잡기"라는 속담이 있어요.

흰 것은 종이요 검은 것은 글씨라

종이에 쓴 글을 읽지 못한다는 말. 글을 모르는 무식한 사람을 놀리는 뜻이랍니다. 이처럼 아주 무식하다는 뜻을 가진 속담으로 "낫 놓고 기역 자도 모른다."가 있어요.